박덕은 제30시집

꽃의 걸음이 고요하다

이 도서의 국립중앙도서관 출판예정도서목록(CIP)은
서지정보유통지원시스템 홈페이지(http://seoji.nl.go.kr)와
국가자료종합목록 구축시스템(http://kolis-net.nl.go.kr)에서
이용할 수 있습니다.

ⓒ 김지우·박덕은, 2025
저작권에 의해 보호를 받는 저작물이므로
저자와 출판사의 허락 없이 무단 전재와 복제를 금합니다.

박덕은 제30시집

꽃의 걸음이 고요하다

그림 김지우 시 박덕은

시와
사람

■ 화가의 말

  만다라는 우주의 본질을 시각적 예술언어로 표현한 그림이다.

  영혼의 그림, 마법의 그림, 행운의 그림이라고 불려 왔다.

  만다라를 그리는 자체가 나에게는 명상이었다.

  그림 삼매경에 빠져 시간 가는 줄 모르고 200여 점의 작품을 완성했다.

  만다라 작업은 무의식에 잠들어 있던 분노, 억압, 슬픔 등 여러 부정적인 감정들을 치유하게 했다.

  의식이라는 빛과 통합되면서 마음의 평온함을 가져왔으며 나를 찾아 떠나는 여행이기도 했다.

  책이 출판되기까지 용기를 주고 시를 제공해 준 박덕은 교수님과 부족한 점을 늘 향긋이 채워 주는 남편께도 심심한 감사와 존경을 표합니다.

화가 김지우

■ 시인의 말

불교에서는 "옷깃만 스쳐도 억겁의 인연"이라는 말이 있다.
화가 김지우 님과의 인연이 그와 같다.
2021년 2월 21일 일요일의 만남을 억겁의 인연이라는 말 외에 어떻게 설명할 수 있을까.
그날의 만남이 인연의 싹을 틔워 2년이 지난 2023년, 김지우 대표님과 강봉구 회장님은 〈박덕은 미술관〉을 세워 주었다. 그리고 다시 2년이 흘러 김지우 님의 그림과 박덕은의 시가 만났다.
참으로 신비로운 인연이다.
나는 그동안 이 세상의 가치 중에서 예술을 가장 귀하게 여겨왔다. 그런 입장에서 김지우 님은 '예술의 벗'이다.
어떤 인연은 꽃향기와 같아서 억겁의 날개를 펼쳐 꽃에게 날아간다.
그 꽃향기가 인연이요, 그 꽃이 예술이다.
김지우 님은 만다라를 통해서 꽃을 피웠고, 박덕은은 시를 통해서 향기를 펼쳤다. 한 송이 한 송이 피운 꽃의 사색과 느낌이 독자들의 감성에 가닿기를 소망한다.

시인 박덕은

꽃의 걸음이 고요하다 _ 차례

□ 화가의 말 _6
□ 시인의 말 _7

제1부 그럼에도 개나리는 피고

만다라·1 _19
쌈 _21
어스름의 내용 _23
침대 _25
애완동물 _27
화살나무 _29
해 질 녘 _31
무당벌레 _33
노루귀가 핀다 _35
나른함에 갇히다 _37
불안 장애 _39
설거지에 관하여 _41
물결의 발성법 _43
소나무 _45
사랑은 몇 층입니까 _47
삼월·1 _49
삼월·2 _51

꽃의 걸음이 고요하다 _ 차례

오월 _ 53
관심 _ 55
희망·1 _ 57
희망·2 _ 59
눈보라 _ 61
단풍 _ 63
어떤 신화 _ 65
함박눈 _ 67
그럼에도 개나리는 피고 _ 69
기억의 밖 _ 71
조찬朝餐 _ 73
어느 농사법 _ 75
홍시·1 _ 77
홍시·2 _ 79
겨울이 온다는 건 _ 81
어떤 서점 _ 83

꽃의 걸음이 고요하다 _ 차례

제2부 단풍의 정체

자정의 생각 _ 87
잊지 마 _ 89
와글와글 _ 91
비상계엄 _ 93
탄핵 _ 95
어떤 박음질 _ 97
흉터 _ 99
봄 _ 101
꽃망울 _ 103
청약 통장 _ 105
돌격 앞으로 _ 107
창밖의 겨울 _ 109
이명耳鳴 _ 111
이별 _ 113
생일 _ 115
봄날 _ 117

꽃의 걸음이 고요하다 _ 차례

어떤 버릇 _ 119
뭉게구름 _ 121
꽃자리 _ 123
받아 _ 125
마수걸이 _ 127
꾸꾸꾸, 꾸미기 열풍 _ 129
복수초 _ 131
짝사랑 _ 133
향기 간판 _ 135
넝쿨장미 _ 137
날개 _ 139
단풍의 정체 _ 141
그늘옷 _ 143
절창 _ 145
개나리꽃 _ 147
동백꽃 활짝 _ 149

꽃의 걸음이 고요하다 _ 차례

제3부 소나기 그치고

함박눈 _ 153

갈대 _ 155

고드름 _ 157

고등어 통조림 _ 159

드레스 _ 161

이쑤시개 _ 163

칼 _ 165

풍선 _ 167

군밤 _ 169

황태덕장 _ 171

낙엽 _ 173

계산한다 _ 175

뽕브라 했지 _ 177

위험한 식탐 _ 179

빨랫줄 _ 181

양파 _ 183

봄은 종교다 _ 185

까만 귀 _ 187

냉장고 _ 189

꽃의 걸음이 고요하다 _ 차례

폭우 _ 191
수학으로의 입문 _ 193
뿔테안경 _ 195
멍 _ 197
유목민 _ 199
마스크 _ 201
짝사랑 _ 203
옥수수 _ 205
투명가죽핸드백 _ 207
소나기 그치고 _ 209
수세미美 _ 211
수평선 _ 213
까만 가방 _ 215
에어광고판 _ 217
입새 _ 219
만다라·2 _ 221

□ 박덕은 프로필 _ 222

꽃의 걸음이 고요하다

제1부

그럼에도 개나리는 피고

만다라·1

경지에 이른다는 건
한 송이 연꽃으로 기꺼이 피어나는 일
절망과 비애의 곡조로 미끌거리는 진흙 속에서
어둠에서 빛으로
나에게서 너에게로
질문에서 묵상으로
흔들리며 웅크리며 주저앉으며 건너가야 한다
눈먼 가시에 찔려
한 계절을 앓아누운 자리
뿌리에 깃들어 있어도
온몸으로 맑은 꽃빛 빚는다.

쌈

엄마는
밖에서 쌈 좀 하지 말라고 하는데
그게 쉽지 않아요
생각이 다른 불판 위에서
속을 뒤집어놓으면
젓가락을 들어 쌈을 시작해요
마늘처럼 알싸한 말을 심장에 던지고
청량고추로 매운맛을 보여 줘요
육질이 부드러운 감정들이
참기름 바르고 앉아
피둥피둥 살찌는 안부 물어요
술이 몇 순배 돌고 잔이 흘러넘치면
밤은 달콤한 달즙과 반짝이는 별빛을 섞어
쌈장을 만들어요.

어스름의 내용

어둑어둑한 상태라는 뜻은
어스름녘에서 밤으로 가는 느린 보행
함부로 내달리는 목소리 지우고
내 안을 멍하니 바라보는 일
나에게서 너에게로 가는
이 아프지 않은 침묵.

침대

이부자리에는 고양이가 산다
네 발로 뛰어오르는 탄력이
스프링을 진화시킨다
날 세운 발톱이
졸음의 살점 할퀴면
정신은 혼미해진다
간혹 잠이 무료해지면
다리에 쥐가 난다
날카로운 이빨로 쥐를 무는 고양이
소리 지르며 깨어나는 밤이
경련을 일으킨다.

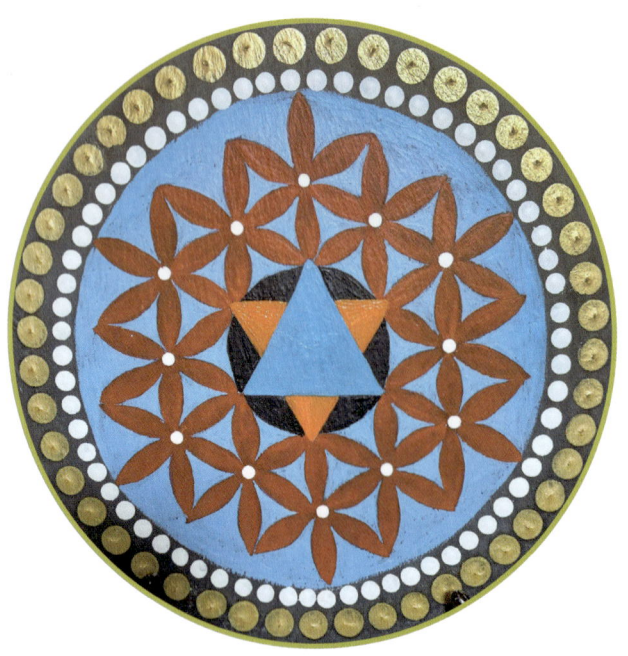

애완동물

유년의 방에서
함께 잠을 잔 저녁이 죽었다
죽은 고양이는
가르랑 가르랑 울음소리 내며
학교 갈 때도 친구들과 놀 때도
나를 따라다녔다
어스름이 지면
슬픔이라는 앞발을 내밀며
꼬리를 흔들었다
먼먼 어느 날 그 고양이가
저녁의 담장을 넘어 방으로 들어왔다
외로움이라는 새끼 고양이와 함께
나는 불을 켜지 않았다
밤새 고양이만 쓰다듬었다.

화살나무

과녁을 향해 날아간 문장이 부러진다
문인의 피 이어받아
글의 화살촉을 예리하게 다듬어 보지만
매번 화살만 만들 뿐 명중하지 못한다
전의를 불태우는 퇴고 거듭하며
활시위 잡아당긴다.

해 질 녘

한낮을 분갈이한다
아침을 내걸고 달려온
이름이 밭아 되어
서쪽은 발을 뺄 곳이 없다
발목 숨긴 뿌리를
어스름 쪽으로 조심조심 옮긴다.

무당벌레

정오의 점괘 보다 말고
달콤한 잠에 빠져든다
바람은 복채값 하라고 깨우는데
점점이 새겨져 있는
검은 반점의 졸음이 덮쳐와
눈꺼풀 무거운 오후가 감긴다.

노루귀가 핀다

봄햇살이 많은 곳에서
작고 짧은 꼬리가 자라는데
청각이 예민한 꽃무늬가
어둠이 오는 소리에 닿는다
천적은
적막으로부터 먼 저 깊고 깊은 잠
두 귀 쫑긋 세울 때 피어나는
봄밤을 사랑한다.

나른함에 갇히다

탈출 감행하기 위해
양지의 창살 흔든다
봄은 감옥이다
수인번호 5월을 달고 있다
내리쬐는 볕이
한낮을 넘기며 취조하고 있다
발설해서는 안 되는 걸 지키기 위해
졸음에 빠져든다
책상에 갇혀 꾸벅꾸벅 조는 뒷모습과
서류 앞에서 하품하는 오후 3시는 모두
춘곤증 독방에 수감 중이다.

불안 장애

걱정이나 근심이 전입하는
감정의 도시
초조와 피로감 호소하는 세입자는 무조건 환영해
전월세 거래량은 급증하고 호황을 맞는다
손톱 물어뜯는 긴장이 입주를 완료하면
이중 삼중으로 인장을 다시 찍는
불면증 처방의 알약들이 쏟아지지만
밤은 파열음의 말투와 안절부절을 쏟아낸다.

설거지에 관하여

평등한 흙에서
바람 소리 먹고 자란 질그릇
생의 밥상에 오르내리며
부와 가난과 탐욕 낳는 게 가슴 아파
물속에서 명상을 한다
부딪히고 깨지는 울음 뒤에 다가오는
침묵의 정좌 시간
대지의 살내음이 밀려들고 있다.

물결의 발성법

안부가 궁금한 꽃 한 송이
호수에 떨어지면
입꼬리 올라간 둥근 파문으로
입을 연다
가장자리로 번지는 물의 말문 터져
왁자한 동그라미들

심심한 달빛의 손가락이
깊이 잠든 수면을 건드리자
별무늬로 반짝반짝 잠꼬대한다.

소나무

백 년도 넘게 칼을 차고 있다
아비의 그 아비로부터 대물림된 무인의 정신
어둠 속에서도
멀고 먼 말발굽 소리 채집하기 위해
귀를 세운다
오직 한 자세로만 정진하기에
사철 푸르다.

사랑은 몇 층입니까

당신에게 가닿기 위해
깨금발로 뛰어 본다
아득한 높이는 멀리 있어
잠시 적막의 의자에 앉는다
그날의 먼먼 웃음소리가
어깨를 다독여 준다
망설임과 엉거주춤 사이에서 일어나
다시 그리움의 깊이를 쌓으며 오른다
계단은 끝이 없고 계속해서 늘어난다
기다림이 산다는 옥상에 오르면
우리의 심장은 하나가 될까.

삼월·1

새들을 풀어 키운 공중 재배의 경험으로
속성으로 성장시킨 햇귀에서
따순 봄볕만 골라 출하하는 작업장.

삼월·2

바람의 꼬리표에는
은은한 꽃향의 바코드가 찍혀 있다
유행을 주름잡기 위해
색과 향이 매혹적인 패션,
그 봄을 껴입는다.

오월

무논의 낱글자를 한 자 한 자 짚어가며
개굴개굴 읽어 내려가는 노랫소리로
봄은 푸르게 살이 찐다.

관심

양지 쪽으로 생을 옮겨놓는
봄날 한 줌 떼어내어
웅크린 당신의 시간에 올려놓아요.

희망·1

아픔과 좌절과 눈물의 언어가 산다는
눈보라 헤치고 나아가면
우리의 걸음은 봄길이 된다.

희망·2

겨울의 슬하에서 자란다는 아픔이
유달리 춥고 캄캄할수록
삼십촉 알전구 같은 봄꽃은
곧 피어난다.

눈보라

떼를 지어
겨울의 발바닥 부르트도록 달려오는
저 하얀 고백
혹시 발그레한 당신의 맹세인가요.

단풍

숨가쁘게 출렁인 한 생 지나
격랑의 끝에 다다르면
그때서야 비로소 보이는
그리움의 노래.

어떤 신화

새 번식 위해
봄빛은
한 올 한 올 실핏줄 짱짱하게
꽃잎의 몸을 빚는다.

함박눈

구름의 가슴털 뽑아 만든 털파카
뒤뚱이며 떠가는 양떼구름에서
뭉게뭉게 조용한 울음이
터진 공중의 솔기 사이로 삐져나와도
펑펑 내리는 착한 양떼가 몸 감싼다.

그럼에도 개나리는 피고

노란 빛깔로 꽃샘추위 땜질하면서
가지 끝에 봄볕 이어 붙이며
꽃의 체온 올리는 저 삼월.

기억의 밖

몇 번의 계절이 외면하는 동안
절반의 척추가 주저앉은
우리의 상처도
남몰래 찾아든 '울컥'에
봄꽃이 피었습니다.

조찬朝餐

봄은
잘 차려진 꽃두레밥상
봄볕도 봄바람도 아지랑이도
모두 따순 고봉밥
나비들이 하루 종일 먹고 있다.

어느 농사법

어제와 오늘을 이어 붙이는
체온이 낮아지자
가을은
귓맛 사로잡는 귀뚤귀뚤 소리와
들녘의 노란 빛깔 수확하느라
분주하다.

홍시·1

꽃의 유언을 내팽개치고
굴복의 자세로 저문
쓰고 떫은 시간도
달달한 다짐처럼 익어 간다.

홍시·2

까치발로 용쓰면 닿을 수 있는 곳에
붉은 알전구가 골목 밝히고 있는데
담벼락의 경고문
- 도둑님아, 니 뱃속은 밝냐?
컴컴한 양심에 불이나 켜라
또 한번 따가기만 해봐 -
핏대 세운 말투가 쏟아진다
산다는 것은 저리 뜨겁고 치열해 붉다.

겨울이 온다는 건

생 흔드는 어둠이
한 치씩 깊어지면
날개 감춘
너에 대한 그리움은
밤새 웃자란다.

어떤 서점

책방 주인은
속엣말 흘리는 가을 소리만 골라
책장을 꾸민다
귀뚤귀뚤 시집, 바스락바스락 수필집
시들지 않는 소리책만
진열하고 있다.

제2부

단풍의 정체

자정의 생각

헝클어진 졸음의 거주지가
염려스러워
발목 잡아끈 어둠 떨치고 나와
비틀거리는 걸음 챙기기 위해
한참을 서성이고 있다.

잊지 마

절망으로 꽁꽁 언 강물 속에서도
내일을 놓치지 않겠다는 물의 얼굴이
　　　흐르는 발목 드러내며
　　앞으로 나아가고 있어.

와글와글

어린 새싹들이
젖가슴 풀어헤친
봄볕의 젖 먹느라
저리 왁자하다.

비상계엄

눈보라로 망가진 숲의 행정과
한기로 꽁꽁 언 강물의 치안이
염려스러워
견디다 못해 터뜨리고야만
꽃봉오리의 알싸한 고백서.

탄핵

햇살 모으는 의무를 이행하지 않고
초록의 영토를 엉망으로 관리한 탓으로,
가을은
나무에 매달린 잎사귀를 지상에서 파면한다.

어떤 박음질

뜯어진 봄바람과
조각조각 흩어진 자투리 햇살 모아
깁고 꿰매며 완성한 봄.

흉터

사랑한다는 말 참다 참다
툭 터져 버린다
주워 담을 수 없는 그 봄
빠져나간 그 꽃자리
먼 훗날까지 아프다.

봄

몇몇 절망과 후회가 사는
쓰디쓴 울음의 방향에서도
온 가슴으로 품어 안아
꽃을 잉태한 당신.

꽃망울

봄햇살이 낳은 알들
방금 태어나 무르지만
생각을 동글동글 굴리며
즐거운 상상을 꽃빛으로
휘감아 두른다.

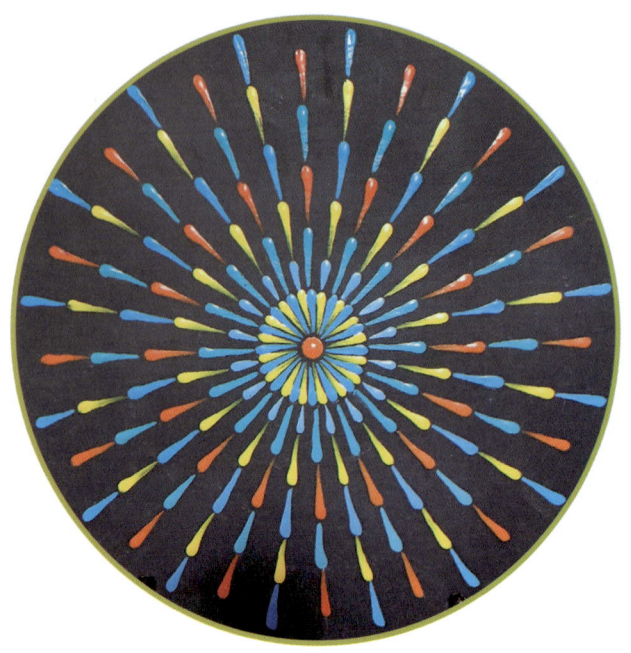

청약 통장

남편에게 간 맞추느라
청춘 탕진한 아내는
울음 새는 해 질 녘까지 긁어모아
한 푼 한 푼 차곡차곡
봄의 눈금 높인다.

돌격 앞으로

꽃의 복면 쓰고
삼월의 담장 넘는
저 봄의 병사들
예서제서 울긋불긋 알록달록.

창밖의 겨울

창 너머 공중은 영화를 상영하고 있다
해 질 녘 흔드는 노을로
장면이 바뀌자
단역으로 출연한 새들이 열연하고 있다
갑자기 눈보라가 휘몰아친다
객석으로 쏟아질 듯 네모난 화면이 흔들흔들.

이명耳鳴

바깥과 어제의 습성 버리고
환한 적막 속으로 들어서야
비로소 들리는 소리가 있다
기다리다 캄캄해진 혀로
써 내려간
당신이라는 달콤한 소리.

이별

아픔 울어대는 밤이 추워
슬픔의 아궁이에 불을 지피고픈데
어디에다
당신이라는 아랫목을 들여야 하나.

생일

여름 가을 겨울 낳은 봄이
자신이 태어난 날 기념하기 위해
숲장롱 속에 감춰둔 연두 꺼내 입자
나비가 노란 고깔 모자 씌워 주며
팔랑팔랑 축하 노래 불러 준다.

봄날

할머니는 볕이 아깝다며
틈니도 없이 무른 정오 오물거려요
입가에서 봄의 속엣말 흘러나와요.

어떤 버릇

이맘때 되면 주저앉은 겨울숲에서
살금살금 도망 나오는 반칙이 있다
찬바람 속이면서 안쪽에서 바깥쪽으로
발뒤꿈치 들고 빠져나오는 봄이 있다.

뭉게구름

하고 싶은 게 많은
십 대의 물방울들
뭉게뭉게 몸집 키우고파
지상의 집 버리고 무작정 증발한다.

꽃자리

가고 없는 꽃의 걸음이 고요하다
꽃대 누비던 한줌의 무게가 새겨져 있다
꽃의 발목 적시던 바람이 불어온다
색과 향으로 한철을 산 꽃의 절정이 꿈틀거린다.

발아

우울과 추위가 유랑하는
지상에 서서히 온기 돌며
봄의 심장 깨우는 소리
마음속 깊숙이 묻어둔
그리움이라는 꽃씨에서
막무가내로 터져 나오는
저 소리.

마수걸이

추위의 틈 비집고 나앉은 봄볕이 난전을 펼친다
양지바른 양달에서
봄나물 한 바구니씩 캐 가는 아줌마들
삼월 장사는 벌써 대박 조짐.

꾸꾸꾸, 꾸미기 열풍

클립으로 봄볕을 고정시켜요
울긋불긋 꽃빛 장신구도 달아요
연두 연두 반짝이도 붙여요
나만의 봄은 특별하니까요.

복수초

너와의 이별 후
분노의 칼만 벼리다가 터질 것 같아
그만 보고 싶다고 말한다
꽁꽁 언 가슴에 핀 보고픔 한 송이로.

짝사랑

입술을 떠난 안녕은
어디에 살고 있는지 궁금하다
첫눈 내릴 때까지 그리움을 퇴고한
저녁 건너면
네가 오는 소리 들을 수 있을까.

향기 간판

원래 산야에는 매장이 없다
몸 여는 봄의 체취로 들썩이는 날이면
발 빠른 진달래가
순도 높은 특가 상품으로
발걸음 유혹한다
은밀히 간판의 몸집 키우는데
사월의 한낮이 흩어지고 있다.

넝쿨장미

온몸에
붉은 열꽃이 피어나고 있어요
수겹의 담 넘어온
달디단 바람의 입술이
전신을 휘감아요
이유 없이 열이 나고 심장이 쿵쾅거려
짧게 뱉어내는 신음 소리
만개한 오월이 오고 있어요.

날개

봄날의 안쪽에 손 깊이 집어넣는다
가만가만 만져지는
첫사랑의 둥근 날갯짓들
그리고
달콤한 깃털과
손끝에 묻은 울음 하나.

단풍의 정체

바람값이 차갑게 떨어지자
우울증에 걸린 가을
숲의 뿌리들이 머리 맞대
붉은 문양 밀어올린다
몇몇은
과하게 울긋불긋 산발한 머리지만
폭소 터뜨리기엔 이만한 게 없다.

그늘옷

나뭇잎들이
초록 끌어모아
한 땀 한 땀 짓고 있다
쉽게 찢기는 성질
보완해야 한다며
매미는 제 소리를
그늘에 보태기 위해
열렬히 울어댄다.

절창

득음 위해
억겁의 생 바치는 밀물과 썰물
오늘도 절벽 붙들고
음역 높이기 위해
피를 토한다.

개나리꽃

바람의 체온이 떨어져
꽃가지의 문 닫고 끙끙 앓아요
조심조심 봄볕 끌어당겨
바르고 있어요
옹알이하듯 한낮의 속엣말이
노랑노랑 흘러나와요.

동백꽃 활짝

사람 잡아먹었다는 호랑이가
붉은 신전으로 몸 숨긴다
대물림되는 비운 끊어내야 한다며
한 됫박의 피 쏟으며
허공으로 뛰어오른다.

제3부

소나기 그치고

함박눈

뜨거웠던
스무 살의 높은음자리로
뛰어들어가자
음역 높이는 그날이
펑펑 쏟아진다.

갈대

갈 때를 안다는 건
얼마나 다행스러운 일인가
집착과 억척을 넘나들며
생의 뿌리는
그것들을 움켜쥐고 있다
겨울 갈대가 산 듯 죽은 듯
손 흔들며 웃고 있다.

고드름

수직의 계단에 집중하고 있다
나에게서 너에게로 가는 계단은
추락의 위험이 있어 위태롭다
불안과 설렘을 발설하며
사랑으로 가는 길에 몰입하고 있다.

고등어 통조림

바다의 지층이 발견되었다
꽉 다문 힘을 허물자
파도소리가 들렸다
캄캄한 물방울 속에
밀봉된 살점으로
빗살무늬 새긴 유적은
유통기한이 넉넉해
천적 없이 살아간다.

드레스

드레스 드레스 비키니 드레스,
이 주문을 외우면
여름밤의 해변이 펼쳐진다
한 번쯤은 유혹 입고
굶주린 야성을 깨우고 싶다
길들여지지 않는 자정으로 홍등 켜고
오늘도 내일도 먼 훗날에도
꽃뱀의 유전자는 자라고 있다.

이쑤시개

밥 먹을 때마다 개 짖는 소리 들린다
밥상의 길을 내달리는 힘으로
한번도 잠잠한 적 없는 슬픔으로
당신과 나의 잇새에서
이별 가둔 그날을 들이받고 있다.

칼

봄비는 밤을 틈타
아무도 모르게 칼 꽂고 간다
눈부신 진달래꽃이 피어나는데
첫사랑이 피어나는데
심장 깊숙이 들어온 칼을
여태 빼지 못하는데
꽃잎전을 베어 먹자 칼이 씹힌다.

풍선

바늘로 찌르면
터질 듯이 다리가 부었다
살을 부풀려서라도
빵빵하게 부풀어 올라
그때 그 시절로
날아가고 싶다는 뜻일까
가난한 집의 큰딸이라는 이름으로
맏며느리라는 이름으로
쉽게 바람을 모으지 못했다
더 늦기 전에 생의 무게 내려놓고 날아올라야 한다.

군밤

타다닥 펑
첫사랑이 터지는 소리
철없던 그날과 뒷모습이
뜨겁다고 뒤집히는 소리
다시는 돌아갈 수 없는 밤이
까맣게 타들어가는 소리.

황태덕장

눈보라 속에서도 범람하는 입
민주주의를 쌓기 위해
날 선 말을 한다
닫힌 입술은
불의에 순응하겠다는 비굴한 자세
찬바람 쏟아질수록
입에서 태어나는 저 빛나는 정신.

낙엽

대지는 파열음 좋아한다
떨어지며 팔랑팔랑 살랑거리는
곡선 좋아한다
멀고 먼 감정 달려올수록
낙차는 신이 난다.

계산한다

사과는 온몸을
둥근 각도로 빚기 위해 몰두한다
방향과 속도를 제멋대로 바꾸는
바람의 속성 알기에
요리조리 잘 피해야 한다
변화구 주지 않고 직구를 날리는
비의 말투에
상처 받지 않기 위해
최대한 웅크려야 한다.

뽕브라 했지

밤을 잘라먹는 외로움을
뽕브라로 가렸지
사내들은 뽕이 잔뜩 들어간
외로움이 낭만적이라며
가슴을 흠모했어
꽉 조인 브라끈이 답답하지만
벗을 수 없었지
불시착한 스무 살의 저녁과
들통날 게 뻔한 외로움을
뽕으로 채우며
타향살이를 견뎠지.

위험한 식탐

사장님은 무서운 앞니로
직원들의 말꼬리 잘라먹지
토막난 살점들이 바닥에 떨어져
엎드려 주어야 해
당신은 날마다
날름 삼킨 말꼬리로 비만해지고
우리는 바닥에 붙어 사느라
초췌해져 가고 있어.

빨랫줄

다가구주택 옥상을 가로지른
저 짱짱한 줄에는
평등이 스며 있다
103호 총각의
어둠 달려온 운동화의 발냄새도
302호 아줌마의
서러운 죄목 같은 생의 울음도
한낮을 쉼 없이 건너온
해 질 녘의 안간힘도
차별하지 않고 똑같은 눈높이에서
젖지 않는 게 어찌 인생일 수 있냐며
빨래집게로 고정시킨다.

양파

맵고 독하게 살겠다고 맹세하지만
표정은 늘 미끌거리고 휘청거린다
어둠을 떼어내면
또 다른 어둠이 나오고
불안은 혀끝에서 시나브로 자란다
마음 비우지 못해 오늘도
밤과 고요는 요리조리 빠져나간다.

봄은 종교다

꽃과 나비로 한 종파를 완성하기 위해
팔랑팔랑과 향기로
은밀히 이어지는 설법
포교는
상춘객들의 발랄한 표정에서 시작되고
가벼운 옷차림도 교리가 되기에
산행은 벌써부터 특별한 경전.

까만 귀

잠을 숭배하는 평면의 몸으로
길몽과 악몽을 모으는 이불은
네 개의 귀로 소리를 열고 닫는다
간혹 귀에 담지 못한 말들은
쥐가 나 경련을 일으키기도 한다.

냉장고

사랑의 이유이며 이별의 대답인
당신을 영상 5도로 설정한다
부패하기 쉬운 천 일의 만남이
잘 익어 간다
열고 닫는 방식이
마음에 들지 않다며 짓무른 울음들
유통기한이 없는 사랑이라고
싱싱한 혁명이라고 주문을 외우지만
퇴색해 가는 선홍빛만
자리를 차지하고 있다.

폭우

뒤쫓아오는 발자국 소리에 놀라
무더운 한낮이 소리 지르며 길바닥으로 넘어진다
불길한 점괘는 피해 갈 수 없다며
부르르 몸 떠는 골목들
폭력과 불안이 난무한 한철
받아들일 각오 단단히 하였지만
어리둥절 서 있는 저 어린 슬픔은
누가 돌보나.

수학으로의 입문

토라지는 너의 마음이
풀리지 않는다
덧셈으로 자라는 만남에 걸맞게
서운한 그림자는
뺄셈을 계속하는데
합계와 내일은 어떤 관계일까
함께한 밤의 교집합은
달맞이꽃으로 피어나는데
너는
달빛과 상처를 미적분하라고 한다.

뿔테안경

뿔을 세우고도 용케 잘 버틴다
귀에 발을 묶고 강의 듣는 당신
받아 버리고 싶은 욕망은
자꾸만 커지는데
실업의 바닥은 한없이 컴컴하다
흘러내리는 콧등 올리며
애써 억누른다.

멍

나무는 그늘 한 잎씩 넓히느라
온몸 푸르게 멍든다
멍이 서식하는 숲속으로 들어서면
내 안의 멍이 공명을 일으킨다
주름진 멍에가 깊어갈수록
산책은 잦아진다.

유목민

야생의 울음 우는 시어$_{詩語}$ 찾으러
유랑하는 부족이 되기로 한다
가장 먼 별자리에 머물기 위해
짐승처럼 촉각 곤두세운다
수도 없이 길을 잃고 고립되어도
펜 끝에서 꽃피는
신전 한 채 짓기 위해.

마스크

불안을 감출 바깥이 필요해
타인과 함께 있지만
나만의 공간이 필요해
표정이 무슨 생각을 하고 있나
몰라야 해
얼굴 안에
또 다른 얼굴이 있는 세상은
온통 절벽이어서
친절한 보호자가 필요해.

짝사랑

하루는
얼굴에 붙어 있는
반짝임과 미소를,
또 하루는
어깨 흔드는
울음과 젖어듦을
조심스레 떼어서
자기 심장에 이식시키는 것.

옥수수

초록의 여름을
한 겹 한 겹 벗겨 보면
안다
집요한 땡볕 앞에서도
물러서지 않는 억척
어금니로 상처와 불안을 앙다물며
잇몸 깊이 생의 신념을 뿌리내린
저 야무지고 가지런한 안간힘.

투명가죽핸드백

허공에도 수납 공간이 필요하다며
얼기설기무늬로 직조하는 거미
공중 진열대에 놓인 명품이라며
날개 달린 것들이 기웃거리고
이슬방울이 대롱대롱 만지작거리고.

소나기 그치고

도로에 떨어진 한 바가지의 죽음
흙에서 왔기에 흙으로 돌아간다며
허공으로 내던진 몸
털썩
햇살이 물의 얼굴과 손을 어루만져 주는데
나비들은 부고를 듣고 와 줄을 잇고,
얼룩처럼 남아있는 물의 신발에
바람은 발을 집어넣는다.

수세미美

수세에 몰려도 아름다울 수 있지
3M 수세미, 아크릴 수세미에 떠밀려
허공에서 초록을 촘촘히 매달고 있지
자신의 생을 한 코 한 코
여름과 사유의 그물로 짜고 있지.

수평선

팽팽히 잡아당겨도 끊어지지 않아
밤낮없이 줄넘기하기에 적격
파도가 철썩철썩 뛰어넘고
날치가 팔딱팔딱 뛰어넘고
고래가 우렁우렁 뛰어넘느라
줄넘기 소리는 연일 끊이지 않는다.

까만 가방

밤의 지퍼를 열자
술자리가 뛰쳐나온다
입꼬리에서 빠져나온 넋두리가
소주잔을 기울이고
비틀거리는 발음이 탁자에 쏟아진다
졸음에 겨운 자정이
지퍼 열고 가방 속에서
골목을 꺼내는데
자꾸만 걸음이 흘러내린다.

에어광고판

요술램프 문지르듯
둥근 플라스틱 뚜껑이 열리자
푸른 바람의 몸 지니가 나온다
주인의 소원대로
밤새 춤추며 호객을 한다
문전성시를 이루자
여기저기서
빨간 지니, 노란 지니가 나오고
아침 되면
순식간에 램프 속으로 사라진다.

입새

온몸이 입인
마을 어귀라는 새가 있다
다정한 안부를 물어 나르고
흐릿한 인기척에도
쫑긋 귀 세우며 주파수 맞춘다
삼삼오오 입이 가려운 풍경 꺼내 새소리 날아들면
날개깃 펼치어 저녁을 들인다.

＊입새 : 마을로 들어가는 어귀

만다라·2

낡은 주술의 어제를 빌려
흔들리는 오늘의 물결 읽는다
얼굴 없는 번뇌는 가깝고 따가워
저녁의 방향은 멀고 멀다
출렁이는 물결의 바깥,
그 평온한 고요를 읽는다는 건
비천한 마음에도 꽃피게 하여
향그러워진다는 것이기에
댕그랑 댕그랑 환히 읽는다.

박덕은 프로필

☎ 대한민국 010-4606-5673
* E-mail: herso@hanmail.net
* 대한민국 전남 화순 출생
* 전북대학교 문학박사
* 전) 전남대학교 인문대학 교수
* 전) 전남대학교 국어국문학과장
* 현) 대한민국시문학회 회장
* 현) 기본사회위원회(위원장 이재명) 수석부위원장(광주)
* 현) 광주시민사회단체(523개)총연합회 대표회장
* 현) 노벨재단 이사장
* 현) 노벨타임지 이사장
* 현) 노벨문학 이사장
* 현) 용아 박용철 기념재단 수석부이사장
* 현) 김현승시인기념재단 이사
* 현) 한실문예창작(12개 문학회) 지도 교수
* 현) 새한일보 논설위원
* 현) 서울일보 기자
* 시인
* 소설가
* 문학평론가
* 희곡작가
* 동화작가
* 수필가

* 시조시인
* 동시인

♡ 사진작가
* 사진작품 전시회 2회
* 제1회 한국예술문화대전 사진 대상 수상
* 제42회 대한민국 현대 미술대전 사진 금상 수상
* 제24회 대한민국 현대미술대전 사진 특선 수상
* 제1회 국민행복 사진대전 대상 수상
* 제1회 한강 사진대전 대상 수상
* 사진 작가상 수상
* 서창억새노을축제 카메라 부문 동상 수상

♡ 화가
* 박덕은 서양화 개인전 3회
* 박덕은 서양화 초대전 3회
* 박덕은 서양화 단체전 50회
* 서울 인사동 인사아트프라자 갤러리 개인전
* 남촌미술관 박덕은 서양화 초대전
* 정읍시 박덕은 교수 서양화 초대전
* 광주 패밀리스포츠파크 갤러리 박덕은 서양화 초대전
* 한국노동문화예술협회 초대작가
* 대한민국유명작가전 초대작가
* 국제종합예술대전 초대작가
* 대한민국문화예술인 총연합회 추천작가
* 제9회 대한민국예술대전 대상 수상

* 제33회 한국노동문화예술제 미술대전 대상 수상
* 제22회 올해의 작가 초대전 대상(한국예총상) 수상
* 제17회 국제종합예술대전 대상 수상
* 제48회 L.A. 페스티벌 미술대전 대상 수상
* 제32회 국제현대미술 우수작가전 대상 수상
* 한강 문화예술대전 대상(미술 훈장) 수상
* 제9회 한국창작문화예술대전 대상 수상
* 2021 국민행복 미술대전 대상 수상
* 2020 제주국제미술관 유채꽃 미술대전 대상 수상
* 2022 여울 미술대전 대상 수상
* 2022 소망나비 미술대전 대상 수상
* 2022 대동강 미술대전 대상
* 제17회 국제종합예술대전 금상 수상
* 제17회 국제종합예술대전 우수상 수상
* 제17회 국제종합예술대전 특선 수상
* 제46회 충청북도 미술대전 서양화 수상
* 2021 대한민국 한석봉 미술대전 금상 수상
* 2021 대한민국 한석봉 미술대전 은상 수상
* 2021 대한민국 한석봉 미술대전 금상 수상
* 2021 대한민국 한석봉 미술대전 은상 수상
* 제17회 평화미술대전 서양화 입상
* 제53회 전라북도 미술대전 서양화 특선 수상
* 제14회 대한민국낙동예술대전 서양화 특선 수상
* 제14회 대한민국낙동예술대전 서양화 입상
* 제9회 한국창작문화예술대전 서양화 특선 수상
* 2021 대한민국 나비미술대전 한국예총상 수상

* 제12회 3·15 미술대전 서양화 입상
* 2021 대한민국 생활미술대전 서양화 특별상 수상
* 2021 대한민국 생활미술대전 서양화 입상
* 제10회 국제기로 미술대전 서양화 금상 수상
* 제6회 무궁화서화대전 서양화 금상 수상
* 제6회 무궁화서화대전 서양화 특선 수상
* 제19회 대한민국 회화대상전 서양화 특별상 수상
* 제19회 대한민국회화대상전 서양화 특선 수상
* 제41회 국제현대미술대전 서양화 동상 수상
* 제41회 국제현대미술대전 서양화 입상
* 제13회 국제친환경현대미술대전 서양화 특선 수상
* 제13회 국제친환경현대미술대전 서양화 입상
* 제38회 대한민국신미술대전 서양화 특선 수상
* 제56회 인천 미술대전 서양화 입상
* 2020 음성 명작페스티벌 회화 동상 수상
* 제1회 청송야송 미술대전 서양화 특선 수상
* 제16회 온고을 미술대전 서양화 특선 수상
* 제5회 무궁화 서화대전 서양화 금상 수상
* 제41회 현대 미술대전 비구상 입상
* 제41회 현대 미술대전 사진 특선 수상
* 제1회 청송야송 미술대전 서양화 특선 수상
* 제13회 힐링 미술대전 서양화 입상
* 제52회 전라북도 미술대전 서양화 특선 수상
* 제6회 모던아트 대상전 서양화 특선 수상
* 제5회 무궁화 서화대전 서양화 동상 수상
* 제5회 무궁화 서화대전 서양화 특선 수상

* 제8회 아트챌린저 서양화 특선 수상
* 제30회 어등 미술대전 서양화 입상
* 제48회 강원 미술대전 서양화 특선 수상
* 제48회 강원 미술대전 서양화 입상
* 제36회 무등 미술대전 서양화 입상
* 제24회 관악 현대미술대전 서양화 입상
* 2020 예끼마을 미술대전 서양화 입상
* 제1회 천성 문화예술대전 서양화 특선 수상
* 제1회 천성 문화예술대전 서양화 입상

♡ 수상 현황
* 대한민국 문학창작 부문 대상 수상
* 서울예술상 문학 대상 수상
* 대중문화예술 대상 수상
* 미술작가상 수상
* 사랑비 미술 대상 수상
* 예술 훈장상 수상
* 공로 훈장상 수상
* 문화 훈장상 수상
* 출판 훈장상 수상
* 미술 훈장상 수상
* 문학 훈장상 수상
* 수필 훈장상 수상
* 국민 공로상 수상
* 세계 평화상 수상
* 사회 봉사상 수상

* 무궁화 훈장상 수상
* 전시 훈장상 수상
* 문학평론 훈장상 수상
* 한국문학지도자 훈장상 수상
* 번역 훈장상 수상
* 8·15 예술대상 수상
* 재능나눔공헌 대상 수상
* 서울평화문화 대상 수상
* 서울특별시의원 의장상 수상
* 광주문인협회 특별공로상 수상
* 광주시인협회 특별공로상 수상
* 광주광역시장 공로 표창장 수상
* 뉴스투데이(2010년 5월호) 커버스토리
* 위대한 대한민국인(2020년 10월호) 커버스토리
* 박덕은 전국 백일장 개최(3회째)
* 박덕은 전국 시낭송 대회 개최(2회째)
* 박덕은 전국 디카시 대회 개최(2회째)

♡ 지도 교수 맡고 있는 문학회
* 낯설기 문학회 지도 교수
* 부드런 문학회 지도 교수
* 향그런 문학회 지도 교수
* 방그레 문학회 지도 교수
* 탐스런 문학회 지도 교수
* 싱그런 문학회 지도 교수
* 둥그런 문학회 지도 교수

* 성스런 문학회 지도 교수
* 꽃스런 문학회 지도 교수
* 꿈스런 문학회 지도 교수
* 꽃스런 문학회 지도 교수
* 바로 문학회 지도 교수

♡ 문단 데뷔

* 중앙일보 신춘문예 문학평론 당선
* 전남일보(現:광주일보) 신춘문예 동화 당선
* 새한일보 신춘문예 시 당선
* 문화앤피플 신춘문예 시 당선
* 동양문학 신춘문예 시 당선
* 김해일보 시민문예 남명문학상 시 당선(제1회)
* 창조문학신문 신춘문예 성시 당선
* 사이버 중랑 신춘문예 시 당선
* 경북일보 호미 문학상 수필 당선
* 시문학 시 추천 완료
* 문학공간 소설 추천신인상 수상
* 문학세계 희곡 신인문학상 수상
* 아동문예 소년소설 신인문학상
* 문예사조 수필 신인문학상 수상
* 시와 시인 시조 청학신인상 수상
* 아동문학평론 동시 신인문학상
* 아동문학 동시 신인문학상 수상
* 문학공간 본상(장편소설) 수상

♡ 문학상 수상 현황

* 위대한 대한민국 국민대상(문학발전부문) 수상
* 대한민국 창작집 출판 대상 수상
* 코리아문화예술대상 수상
* 빛고을 문학상 대상 수상
* 금암 문학상 대상 수상
* 항공 문학상 우수상(시) 수상
* 여수해양 문학상(시) 수상
* 문학세계 문학상 대상(동화) 수상
* 타고르 문학상 작품상(시) 수상
* 타고르 문학상 대상(문학평론) 수상
* 윤동주 문학상 대상(문학평론) 수상
* 윤동주 문학상 우수상(시) 수상
* 모산 문학상 대상(시) 수상
* 대한시협 문학상 대상(수필) 수상
* 시인마을 문학상 대상(시) 수상
* 토방구리 문학상 대상(시) 수상
* 대한민국 문학메카문학상 수상
* 남명 문학상 전체 대상 수상
* 치유 문학상 전체 대상 수상
* 산해정 문학상 전체 대상 수상
* 산해정 문학상 디카시 대상 수상
* 봉황대 마타리꽃 전국 문학상 최우수상(제1회) 수상
* 왕비용녀 전국 문학상 최우수상(제1회) 수상
* 남명 문학상 디카시 우수상 수상
* 남명 문학상 소설 우수상 수상

* 석정 문학상 수필 우수상 수상
* 문화예술 대상 수상
* 제헌절 문학상 대상(시) 수상
* 문학사랑 문학상 대상(시) 수상
* 한하운 문학상(시) 수상(제1회)*
* 계몽사 아동문학상(동시) 수상
* 사하 모래톱 문학상(수필) 수상
* 한국 문예 문학상(시) 수상(제1회)
* 한국 아동 문화상(동시) 수상
* 한국 아동 문예상(동화) 수상
* 오은 문학상 특별 문학 대상(시) 수상
* 큰여수신문 문학상 특별 대상(시) 수상
* 광복절 문학상 대상(시) 수상
* 제헌절 문학상 대상(시) 수상
* 아동문예작가상(동시) 수상
* 광주 문학상 수상(제1회)
* 전라남도 문화상 수상
* 노계 문학상 이사장상(시) 수상
* 생활문예대상(수필) 수상
* 한양 도성 문학상(시) 수상
* 지구사랑 문학상(시) 수상
* 한화생명 문학상(시) 수상
* 경기 수필 문학상(수필) 수상
* 우리숲 이야기 문학상(수필) 수상
* 부산진 시장 문학상(시) 수상
* 이준 열사 문학상(시) 수상

* 안정복 문학상 은상(시) 수상(제1회)
* 커피 문학상 금상(시) 수상
* 독도 문학상(시) 수상
* 백두산 문학상(시) 수상
* 한라산 문학상(시) 수상
* 금강산 문학상(시) 수상
* 연해주 문학상(시) 수상
* 대동강 문학상(시) 수상
* 진달래 문학상 시 대상 수상
* 한민족문예제전 최우수상(시) 수상
* 공주 시립도서관 문학상(시) 수상
* 아리 문학상(수필) 수상
* 인문학 문학상(수필) 수상
* E마트 문학상(수필) 수상
* 샘터 시조 문학상(시조) 수상
* 이야기 문학상(수필) 수상
* 부산문화글판 공모전 수상
* 정읍 문학상(시) 수상
* 효 문화 콘텐츠 문학상 우수상(시) 수상
* 삼행시 문학상 은상(시) 수상(제1회)
* 샘터 수필 문학상(수필) 수상
* 대한민국 수필대전 대상
* 한강 문학상 대상 수상
* 한강 거리전시 시비 대상 수상
* 한강 문학상 문학평론 대상 수상
* 겨울눈꽃 문학상 수상

* 하늘꽃 문학상 수상
* 대한민국 창작대전 시화 대상 수상
* 대한민국 창작대전 수필 대상 수상
* 이병주 하동 디카시 국제 문학상 수상(제1회)
* 경남 고성 디카시 문학상 수상(제1회)
* 서울 디카시 문학상 수상(제1회)
* 현대시문학상 디카시 문학상 수상(제1회)
* 사랑비 디카시 문학상 대상 수상(제1회)
* 문학공간 디카시 문학상 대상 수상(제1회)
* 오은문학 디카시 문학상 대상 수상(제1회)
* 봉평 디카시 대전 대상 수상(제1회)
* 철쭉꽃 문학상 디카시 대상 수상(제1회)
* 소망나비 디카시대전 대상 수상(제1회)
* 대동강 디카시대전 대상 수상(제1회)
* 대한민국 창작대전 디카시 문학상 대상 수상
* 제4회 남명 문학상 디카시 우수상 수상
* 디카시 훈장상 수상(제1회)
* 윤동주별문학상(시) 수상
* 사육신 문학상(시) 수상
* 삼보 문학상(시) 수상
* 황금펜 문학상(시) 수상
* 한미 문학상(시) 수상
* 황금찬 문학상(시) 수상
* 유관순 문학상(시) 수상
* 시조 문학상(시조) 수상
* 한강 문학상(시) 수상

* 청계 문학상(시) 수상
* 세종문예 문학상(시) 수상
* 남명문화제 시화문학상(제3회) 국회의원상 수상
* 시인이 되다 빛창 문학상(시) 수상
* 제헌절 삼행시 대상(삼행시) 수상
* 국민행복여울 문학상 금상(삼행시) 수상
* 전국 기록사랑 백일장 금상(시) 수상
* 전국 상록수 백일장 장원(시) 수상
* 전국 김영랑 백일장 대상(시) 수상
* 전국 밀양아리랑 백일장 장원(시) 수상
* 전국 김소월 백일장 준장원(시) 수상
* 전국 박용철 백일장 특선(시) 수상
* 전국 박용철 백일장 특선(수필) 수상
* 전국 영산강 백일장 우수상(시) 수상
* 전국 서래섬배 (시) 수상
* 전국 평택사랑 백일장(시) 수상
* 전국 만해 한용운 백일장(시) 수상
* 전국 이효석 백일장(수필) 수상
* 전국 한강 백일장 장원(시) 수상
* 전국 미당 서정주 백일장(시) 수상
* 글나라 백일장 우수상(수필) 수상

■ 문학이론서『현대시창작법』등 18권, 시집『당신』등 30권, 수필집『창문을 읽다』등 4권, 소설집『황진이의 고독』등 7권, 아동문학서『살아 있는 그림』등 11권, 번역서『소설의 이론』등 6권, 건강서『미네랄과 비타민』등 5권, 교양서『세계를 빛낸 사람들』등 57권, 총 저서 132권 발간

★박덕은의 저서 발간 현황★

<박덕은 문학 이론서 발간 현황>
제1문학이론서 『현대시창작법』
제2문학이론서 『현대 소설의 이론』
제3문학이론서 『문학연구방법론』
제4문학이론서 『소설의 이론』
제5문학이론서 『현대문학비평의 이론과 응용』
제6문학이론서 『문체론』
제7문학이론서 『문체의 이론과 한국현대소설』
제8문학이론서 『한국현대소설의 이론과 적용』
제9문학이론서 『시의 이론과 창작』
제10문학이론서 『해금작가작품론』
제11문학이론서 『디코럼 언어영역』
제12문학이론서 『논술 고사 정복』
제13문학이론서 『심층면접 구술 고사 정복』
제14문학이론서 『둥글파 언어영역』
제15문학이론서 『논술교실』
제16문학이론서 『꿈샘 논술』
제17문학이론서 『시인 신석정 연구』
제18문학이론서 『시 속에 흐르는 광주 정신』

< 박덕은 시집 발간 현황>
제1시집 『바람은 시간을 털어낸다』
제2시집 『거시기』
제3시집 『무지개 학교』

제4시집 『케노시스』
제5시집 『길트기』
제6시집 『갇힘의 비밀』
제7시집 『소낙비 오는 정오에』
제8시집 『자유人.사랑人』
제9시집 『나찾기』
제10시집 『지푸라기』
제11시집 『동심이 흐르는 강』
제12시집 『자그만 숲의 사랑 이야기』
제13시집 『사랑한다는 것은』
제14시집 『느낌표가 머무는 공간』
제15시집 『그대에게 소중한 사랑이 되어.1』
제16시집 『그대에게 소중한 사랑이 되어.2』
제17시집 『둥지 높은 그리움』
제18시집 『곶감 말리기』
제19시집 『사랑의 블랙홀』
제20시집 『나는 그대에게 늘 설레임이고 싶다』
제21시집 『내 가슴이 사고 쳤나 봐』
제22시집 『당신』
제23시집 『나는 매일 밤 바람과 함께 사라진다』
제24시집 『Happy Imagery』
제25시집 『독도』
제26시집 『당신의 저녁이 되고픈 날』
제27시집 『사랑의 힘』
제28시집 『박덕은 시선집 100선』
제29시집 『감성필사』
제30시집 『꽃의 걸음이 고요하다』

<박덕은 수필집 발간 현황>

제1수필집 『창문을 읽다』

제2수필집 『Read the window』

제3수필집 『5·18』

제4수필집 『바닥의 힘』

< 박덕은 소설집 발간 현황>

제1소설집 『죽음의 키스』

제2소설집 『양귀비의 고백』(풍류여인열전.1)

제3소설집 『황진이의 고독』(풍류여인열전.2)

제4소설집 『일타홍의 계절』(풍류여인열전.3)

제5소설집 『이매창의 사랑일기』(풍류여인열전.4)

제6소설집 『서울아라비안나이트』

제7소설집 『금지된 선택』

< 박덕은 번역서 발간 현황>

제1번역서 『소설의 이론』

제2번역서 『철학의 향기』

제3번역서 『사랑하는 사람 가슴에 심어주고픈 말』

제4번역서 『철학자의 터진 옷소매』

제5번역서 『세계 반란사』

제6번역서 『한국 반란사』

< 박덕은 아동문학서 발간 현황>

제1아동문학서 『살아있는 그림』

제2아동문학서 『3001년』

제3아동문학서 『무지개학교』
제4아동문학서 『동심이 흐르는 강』
제5아동문학서 『곶감 말리기』
제6아동문학서 『서울 걸리버 여행기』
제7아동문학서 『돼지의 일기』
제8아동문학서 『해외 신화』
제9아동문학서 『마녀 헤르소의 모험』(1권)
제10아동문학서 『마녀 헤르소의 모험』(2권)
제11아동문학서 『들개의 길』

< 박덕은 교양서 발간 현황 >

제1교양서 『해학의 강』
제2교양서 『바보 성자』
제3교양서 『미네르바의 부엉이는 황혼녘에 날은다』
제4교양서 『멋진 여자, 멋진 남자』
제5교양서 『우화 천국』
제6교양서 『나만 불행한 게 아니로군요』
제7교양서 『나만 행복한 게 아니로군요』
제8교양서 『나만 어리석은 게 아니로군요』
제9교양서 『행복한 바보 성자』
제10교양서 『느낌이 있는 꽃』
제11교양서 『흔들림이 있는 나무』
제12교양서 『사랑하는 사람 가슴에 심어주고픈 말』
제13교양서 『철학의 향기』
제14교양서 『철학가의 터진 옷소매』
제15교양서 『창녀에서 수녀까지, 건달에서 황제까지』

제16교양서 『무희에서 스타까지, 게이에서 성자까지』
제17교양서 『사랑의 향기』
제18교양서 『황제 방중술』
제19교양서 『우리 역사의 난』
제20교양서 『명작 속 명작』
제21교양서 『쉽고 재미있는 철학 이야기』(1)
제22교양서 『쉽고 재미있는 철학 이야기』(2)
제23교양서 『쉽고 재미있는 철학 이야기』(3)
제24교양서 『역사 속 역사』
제25교양서 『세계 반란사』
제26교양서 『한국 반란사』
제27교양서 『행복을 위한 작은 책』
제28교양서 『세계 명사들의 러브 스토리』
제29교양서 『나의 가장 소중한 사람에게』
제30교양서 『세계를 빛낸 과학자』
제31교양서 『세계를 빛낸 정치가』
제32교양서 『세계를 빛낸 명장』
제33교양서 『세계를 빛낸 탐험가』
제34교양서 『세계를 빛낸 미술가』
제35교양서 『세계를 빛낸 음악가』
제36교양서 『세계를 빛낸 문학가』
제37교양서 『세계를 빛낸 철학가』
제38교양서 『세계를 빛낸 사상가』
제39교양서 『세계를 빛낸 공연가』
제40교양서 『해외 신화』
제41교양서 『읽으면 행복한 책』

제42교양서 『세기의 로맨스.1』
제43교양서 『세기의 로맨스.2』
제44교양서 『세기의 로맨스.3』
제45교양서 『세기의 로맨스.4』
제46교양서 『우리 명작 50선』
제47교양서 『세계 명작 50선』
제48교양서 『이솝 우화』(공저)
제49교양서 『나는 화려한 물음표보다 정직한 느낌표를 만드는 사람이 더 좋다』
제50교양서 『신은 우리의 키스 속에도 있다』
제51교양서 『대학가의 해학퀴즈 모음집』
제52교양서 『뽕따일보』
제53교양서 『도토리 서 말』
제54교양서 『위트』
제55교양서 『청춘이여 생각하라』
제56교양서 『성공 DNA』 제1권
제57교양서 『성공 DNA』 제2권

<박덕은 건강서 발간 현황>
제1건강서 『내 몸에 꼭 맞는 영양 가이드』
제2건강서 『비타민과 미네랄, 그리고 떠오르는 영양소』
제3건강서 『내 몸에 꼭 맞는 다이어트-제1권 비만 원인』
제4건강서 『내 몸에 꼭 맞는 다이어트-제2권 비만 탈출』
제5건강서 『내 몸에 꼭 맞는 항암 식품』

이상 총 저서 132권 발간

그림 김지우

전남대학교 졸업
패밀리 골프장 전 대표
강천 미술관 대표
강천 조각공원 대표
강천 빌리지 대표
저서 『꽃의 걸음이 고요하다』

<강천 조각공원>
주소_ 전북 순창군 구림면 강천로 801-79
전화_ 010-9988-2974
이메일_ Royal621103@naver.com

박덕은 제30시집

꽃의 걸음이 고요하다

2025년 5월 10일 인쇄
2025년 5월 20일 발행

그림   김지우
시   박덕은

펴낸이 강경호   마케팅 강나루   디자인 정찬애
펴낸곳 도서출판 시와사람
등록 1994년 6월 10일 제 05-01-0155호
주소 광주시 동구 양림로 119번길 21-1(학동)
전화 (062)224-5319   E-mail jcapoet@hanmail.net

ISBN 978-89-5665-765-3   03810

· 잘못된 책은 구입하신 서점에서 바꾸어 드립니다.
· 값은 표지에 있습니다.

공급처 ■ 한국출판협동조합
경기도 파주시 탄현면 오금로 30
주문전화 (02)716-5616, 070-7119-1740

이 도서의 국립중앙도서관 출판예정도서목록(CIP)은
서지정보유통지원시스템 홈페이지(http://seoji.nl.go.kr)와
국가자료종합목록 구축시스템(http://kolis-net.nl.go.kr)에서
이용할 수 있습니다.